LA LAITIÈRE

ET

LE POT AU LAIT

PIÈCE EN UN ACTE & EN VERS

Mêlée de chant

PAR

MM. WILLIAM BUSNACH & ARMAND LIORAT

MUSIQUE DE M. FRÉDÉRIC WACHS

JOUÉE PAR

Madame CÉLINE CHAUMONT, au théâtre du Palais-Royal.

Prix : 1 franc 50

PARIS

PAUL OLLENDORFF, ÉDITEUR

28 *bis*, RUE DE RICHELIEU, 28 *bis*

1883

LA LAITIÈRE

ET

LE POT AU LAIT

PIÈCE EN UN ACTE

Représentée pour la première fois à Paris, sur le théâtre du Palais-Royal,
le mardi 1er mai 1883.

IMPRIMERIE GÉNÉRALE DE CHATILLON-SUR-SEINE, — A. PICHAT

LA LAITIÈRE

ET

LE POT AU LAIT

PIÈCE EN UN ACTE ET EN VERS

Mêlée de chant

PAR

MM. WILLIAM BUSNACH & ARMAND LIORAT

MUSIQUE DE M. FRÉDÉRIC WACHS

JOUÉE PAR

Mme CÉLINE CHAUMONT, au théâtre du Palais-Royal.

PARIS

PAUL OLLENDORFF, ÉDITEUR

28 *bis*, RUE DE RICHELIEU, 28 *bis*

1883

PERSONNAGE

SUZETTE, jeune paysanne. . . Mme CÉLINE CHAUMONT.

A Paris, de nos jours.

LA LAITIÈRE

ET

LE POT AU LAIT

Le théâtre représente un petit atelier de peintre. — Au milieu, vers la gauche, un chevalet sur lequel se trouve une toile retournée ; à l'un des bras de ce chevalet est accroché, par l'une de ses anses, un gros vase pansu destiné à figurer le pot au lait de la laitière ; un peu plus au fond, du même côté, une estrade pour faire poser les modèles ; au premier plan, toujours à gauche, un divan sur lequel est jeté négligemment un costume de paysanne Watteau. — Sous le costume, un paquet ficelé avec une facture dessus. — A droite, une table et tout ce qu'il faut pour écrire. — Devant la table, un grand fauteuil. — Au premier plan, une horloge à poids adossée à la muraille. — Deux ou trois escabeaux ; ameublement ordinaire d'un atelier élégant. — Porte au fond ; fenêtre en pan coupé, à droite.

Au lever du rideau, la scène est absolument vide. — On entend frapper deux ou trois coups légers à la porte, puis, celle-ci s'entr'ouvre et on voit apparaître la tête de Suzette.

SCÈNE UNIQUE

SUZETTE, *passant sa tête par la porte entre-bâillée.*

Peut-on entrer?... peut-on entrer, monsieur Gustave?...
Elle regarde dans l'atelier.
Personne... Il n'est pas là... comment!...
Elle entre. — Elle est vêtue d'un costume de laine gros bleu; tablier gorge de pigeon. — Grand manteau limousine. — Elle porte à la main un petit panier de fraises.
Ma foi! je brave
La consigne... Tant pis!... j'entre... Et ce vieux nigaud
De père Poivrier... qui ne dit pas un mot!...
Mais le fait est qu'aussi c'est un joli concierge,
Le père Poivrier!... Je brûle un fameux cierge
A son patron, le jour où je pourrai le voir
Sans être gris depuis le matin jusqu'au soir :
Gris lorsque je m'en vais et gris lorsque j'arrive...
Ce n'est pas un portier... Non, vrai! c'est une grive!
Regardant l'horloge
Neuf heures et demie... Où donc peut être allé
Monsieur Gustave?... lui, chaque jour si zélé...
Enfin... attendons-le...
Elle s'assied sur un escabeau devant le chevalet.
La chose singulière!
Qui m'aurait dit cela, la semaine dernière,
Lorsque, ployée en deux, dans le champ de papa,
De fraises j'emplissais le panier que voilà...
Elle désigne le panier de fraises posé sur ses genoux.
Chez nous... à Fontenay?... Mon Dieu, quelle aventure!
C'est si bizarrement venu!... Sur la voiture!...
C'était jeudi dernier, le matin... J'avais pris

Le tramway, vous savez, et j'allais à Paris
Porter un peu de fraise... un kilo de Royale...
J'étais tranquillement, là, sur l'impériale,
Assise, mon panier posé sur mes genoux...
Près de moi se trouvait un jeune homme... l'air doux,
Engageant... comme il faut... bien mis... moustache fine...
Et, là...

Montrant la place de la boutonnière.

le ruban rouge... Enfin, très bonne mine...
Tout en gardant les yeux baissés, sans avoir l'air,
Je ne perdais pas un détail... J'y vois très clair
De côté... comme ça... C'est la bonne méthode...
On peut se rendre compte ainsi... C'est très commode...
Du coin de l'œil, je le voyais m'examiner...
Franchement, par exemple... Oh! ça... sans se gêner...
« — Mademoiselle... dit, tout à coup, le jeune homme,
» Vous avez là du fruit qui répand un arôme !... »
Je devins sur-le-champ, rouge comme un pommier...
« — Oh! oui, que je réponds, monsieur, c'est le fumier!
» Le fumier, vous savez, c'est le suc de la fraise... »
» — Oh! c'est appétissant!... Vrai! je serais bien aise
» D'y goûter... Voulez-vous m'en apporter chez moi,
» Demain matin?—Chez vous?..—Oui,mon enfant.» Ma foi!
Je me sentis d'abord un brin interloquée...
La proposition me paraissait risquée...
S'en aller comme ça, dès l'aube, sans façon,
Porter de la primeur, seule, chez un garçon!...
Et puis, je réfléchis, entre mille autres choses,
Au petit ruban rouge... A Fontenay-aux-Roses
Nous n'avons jusqu'ici que monsieur Marjoton,
Notre maire, qui soit décoré... C'est, dit-on,
Devenu maintenant d'un difficile extrême...
On ne décore pas le Ministre lui-même!...
C'est un maire, pensai-je... Avec un magistrat
Une fille jamais ne se compromettra...

« — Bien volontiers, monsieur... dès que ma marchandise
» Vous convient... Seulement, il faut que je vous dise :
» La fraise, cette année, est très chère... trois francs
» La livre, pas un sou de moins. — Bien, je la prends
» Sans discuter... voici ma carte... » Il me la passe :
Gustave Barbizon... Boulevard Montparnasse,
Dix-neuf... — « C'est entendu... » Là-dessus, m'adressant
Un bonjour amical, il se lève et descend.
Le lendemain, après m'être un peu requinquée,
— C'est permis, — je me rends à l'adresse indiquée :
Je frappe et je pénètre ici... dans l'atelier...
Il était là, tout seul, en train de barbouiller...
« — Bien le bonjour; c'est moi, monsieur, avec ma fraise..
» -- Ah! c'est gentil à vous... Mettez-vous à votre aise...
» Posez votre panier...

Elle pose son panier sur la table.

Avancez donc ici
» Que je vous considère à loisir... » Et voici
Qu'il me reluque encore, et qu'il me dévisage,
Et les mains, et les pieds, la taille, le corsage...
Enfin, je ne savais dans quel trou me fourrer.
« — Monsieur, que je lui dis, veuillez considérer
» Ma fraise... — Nous verrons la fraise tout à l'heure...
» Je trouve votre vue à vous beaucoup meilleure...
» Déshabillez-vous... — Hein? moi, me déshabiller?...
» — Oh! mais, n'ayez pas peur... je compte vous payer
» Largement. Vous aurez chez moi deux francs par heure..
» — Comme un fiacre!...Monsieur! pour qui me prenez-vous? »
Et, les larmes aux yeux, pour retourner chez nous,
Je prenais mon panier, lorsque monsieur Gustave
Me retint doucement et, d'une voix suave,
M'expliqua son dessein... Oh! ce n'était pas... non...
C'est un peintre... C'est même un peintre de renom...
Pas un vieux routinier... non... dans le monde artiste,
C'est ce que l'on appelle un Impressionniste...

Or, voilà... Cette année, il a pris pour sujet
Une fable : *Perrette avec son pot au lait...*
Oh! je connais cela, moi!... j'ai fait mes études
A l'école des sœurs... j'ai tout plein d'aptitudes...
Et dès qu'il m'avait vue, il m'avait, me dit-il,
Exactement trouvé l'allure, le profil,
Le physique, en un mot, d'une jeune laitière
Qui renverse son pot au lait... Je ne vois guère
A quoi l'on reconnaît... Enfin, sans plus jaser,
Son simple but était de me faire poser :
« — Jamais, pour reproduire une image fidèle,
» Je n'aurai, me dit-il, un plus parfait modèle... »

COUPLETS.

I

Ma chère enfant, de la nature
Je suis un pur admirateur;
Or, vous avez, rare parure!
Le pittoresque et la couleur :
Ces dons sont chose peu commune,
Par ce temps de banalité;
Trouver l'originalité,
Vrai! c'est rencontrer la fortune...

— Mon Dieu! monsieur, ai-je répondu,
C'est Suzette que l'on m'appelle,
Et Suzette, en fait de modèle,
En fut toujours un... de vertu!

II

— Si j'en crois les traits que décoche
Ce regard malin, je réponds
Que, rarement, dans votre poche,
Vous mettez ces deux yeux fripons :

Votre taille, bien prise et fine,
A des airs tout à fait piquants,
Vos petits pieds sont provocants,
Et quant à la jambe, on devine...

— C'est bien, monsieur, ai-je répondu,
Le portrait peut-être est fidèle,
Mais sachez qu'en fait de modèle,
J'en suis d'abord un... de vertu!

Modèle!... On le comprend, j'ai d'abord hésité :
Souvent, dans les tableaux, on a représenté
Des personnes, vraiment, qui laissent voir des choses!
Jamais, pour rien au monde, à de pareilles poses
Je n'aurais consenti!... mais il me cajola...

Montrant ses épaules.

Par en haut, jusqu'ici...

Montrant ses mollets.

Par en bas, jusque-là...
Pas davantage... Enfin, ça paraissait lui faire
Tant de plaisir, que j'ai dit oui, pour lui complaire.
Quant à ça, par exemple, il s'est toujours, depuis,
Montré d'une réserve!... Oh! jamais il n'a pris
La moindre liberté... pas un mot, pas un geste
Qui ne soit avec moi le comble du modeste!
Ça ne l'empêche pas, pourtant, d'être fort bien :
Spirituel... de plus, ce qui ne gâte rien,
Très, très joli garçon... Dieu de Dieu! quand j'y pense,
Quand, tout bas, je compare... Ah! quelle différence
Avec Justin!... Justin Cornillard... mon futur...
Le maréchal-ferrant... Un brave homme, pour sûr...
Mais papa s'est fourré ce mariage en tête!...
Un maréchal-ferrant!... c'est un métier si bête!
Tandis qu'un peintre... un peintre en tableaux... et surtout
Un impressionniste... on est reçu partout...

Regardant de nouveau l'horloge.

Ah çà! mais, que fait-il? Dix heures...

Réfléchissant.

Si d'avance,

Je me déshabillais toujours pour la séance?...
Au moins il n'aura plus, de cette façon-là,
Qu'à prendre ses pinceaux en rentrant... C'est cela...
Entre artistes, on doit s'aider un peu, que diable!...

Elle ôte son manteau et sa robe, et se trouve en costume de dessous, blanc.

Cotillon simple et souliers plats... comme la fable...
Oh! je n'ai pas souvent la mémoire en défaut,
Je sais ma fable encor par cœur... ou peu s'en faut...

Tout en chantant le rondo suivant, elle prend le costume de laitière Watteau, posé sur le divan, et le revêt de façon à se trouver complètement habillée au dernier vers du rondo.

FABLE CHANTÉE.

Perrette ayant un pot au lait
Droit sur sa tête, en équilibre,
Le cœur léger, le geste libre,
Gaîment, au marché s'en allait;
Pour gagner plus vite la ville,
Elle s'avançait à grands pas;
Cotillon simple et souliers plats
Rendaient sa course plus agile.
Tandis que, d'un pied diligent,
Allègrement elle chemine,
Perrette, en son cerveau, combine
Déjà l'emploi de son argent :
Voyant, d'avance, en sa pensée,
Reluire ses beaux écus neufs :
« J'achète d'abord un cent d'œufs,
» Dit-elle, et fais triple couvée.
» Qui m'empêche d'avoir un veau
» Et sa bonne vache de mère

» Que je verrai dans la fougère,
» Sauter au milieu du troupeau? »
De plaisir soudain transportée,
Perrette saute... mais, hélas!
Le lait saute aussi... patatras!
Adieu, vache, cochon, couvée!...
Le récit en farce en fut fait,
Et depuis lors, dans le village,
On se transmet en héritage
La légende du pot au lait.

Sur le dernier vers, elle a pris le pot au lait accroché au chevalet, et l'élève au-dessus de sa tête en arrondissant les deux bras de façon à former tableau.

Ah çà! monsieur Gustave est bien long à paraître!
Serait-il, par hasard, malade?... Oh! non... peut-être
Qu'il a passé la nuit à travailler... Mon Dieu!
Ces artistes, vraiment, se ménagent si peu!
En tout cas, il aurait bien dû me faire signe:
C'eût été plus gentil!... Ne fût-ce qu'une ligne,
Un mot...

Elle jette les yeux sur la table et aperçoit une lettre.

Tiens!... un billet... ce doit être pour moi...
Voyons un peu...

Elle prend la lettre et commence à lire.

« Ma vieille... »

S'interrompant en riant.

Ah! quant à ça, ma foi!
C'est de l'aplomb... Oh! oh!... j'ai vingt-deux ans...

Se remettant à lire.

« Ma vieille... »

S'interrompant de nouveau.

Serait-ce une cocotte?...

Avec un geste de mépris.

Oh! fi!... je lui conseille!

C'est du joli, vraiment!...

Lisant.

« Ma vieille branche... »

S'interrompant.

Tiens!

Il fréquente à présent des branches!...

Continuant la lecture.

« Je te viens

» Annoncer, cette fois, une grande nouvelle!

» Mon ami... »

S'interrompant.

Son ami!... tant mieux!...

Avec curiosité.

Mais quelle est-elle

Cette grande...? On le sait, certes, je ne suis pas

Curieuse... pourtant, je voudrais...

Elle hésite, puis se remet bravement à lire.

« Je suis las

» Du métier de garçon...

Elle fait un geste d'émotion.

... J'ai trouvé sur ma route

» Une petite femme aimable, sage... Ajoute

» A toutes les vertus les plus piquants attraits,

» Et tu posséderas l'image, traits pour traits,

» De celle que je vais épouser...

Nouveau geste plus ému que le premier. Elle continue à lire avidement.

J'ai dit vrai :

» *E-pou-ser!* — Ma future habite Fontenay! »

Elle pousse un cri.

Ah!...

Elle laisse échaper la lettre et tombe assise sur une chaise. — Elle reste un instant sous le coup d'une grande émotion, puis se relève.

Voyons, voyons donc!... Serait-il Dieu possible
Que...

Elle ramasse la lettre et la relit avec précipitation.

Mais oui... j'ai bien lu...

Se remettant, et avec naturel.

C'est très compréhensible
Après tout... pourquoi pas?... cela se voit beaucoup
Que l'on tombe amoureux des gens du premier coup...
Qui sait s'il ne m'a pas depuis longtemps peut-être
Remarquée en passant?... Afin de me connaître,
Il a pris un prétexte, et pendant son travail,
A force de me voir, à loisir, en détail,
Il a, pour le modèle, oublié la peinture...
Rien de plus simple...

Se laissant aller à sa joie.

Oh! mais, oh! mais, quelle aventure!
On est capable, à moins, d'en perdre la raison!
Quel bonheur! S'appeler madame Barbizon!
C'est autrement joli que s'appeler madame
Cornillard...

Avec dédain.

Cornillard!... Ça prête à l'épigramme!...
Et commun!...

Réfléchissant.

Tiens! au fait!... et ce pauvre Justin!
Moi qui n'y pensais plus!... Mon Dieu! demain matin
Va-t-il faire une tête, en apprenant la chose!...
Je ne peux pourtant pas, maintenant, je suppose,
Me marier avec un maréchal-ferrant,
Quand je puis épouser... Chacun selon son rang!
Tant pis!...

Prise d'une autre idée.

Peut-être bien, pour n'être pas grossière,
Devrais-je l'informer moi-même, la première...
C'est poli... j'y mettrai quelque ménagement,

Je lui tournerai ça bien délicatement...

Réfléchissant.

Oui... mais, ces choses-là... c'est difficile à dire...
Je n'oserai jamais...

Elle cherche et prend un parti.

Parbleu !... je vais écrire !...
Et tout de suite encor... Sans attendre à demain...

Elle prend du papier, une plume et s'assied à la table.

Lestement, tu vas voir !... de ma plus belle main...

Elle écrit et parle tout en écrivant.

« Monsieur Justin, je sais que vous êtes un bon jeune » homme et que vous avez de l'amitié pour moi ; consé- » quemment, vous ne pouvez désirer que mon bonheur. » Il se présente sous la forme d'un très joli mariage, et » vous comprenez que ce serait trop bête de refuser. Je » vous rends donc votre parole, et suis pour la vie,

» Votre future passée,

» Suzette. »

Elle se lève et cherche une enveloppe.

Parfait !... me voilà quitte avec la politesse...
Des égards ! des égards !...

Elle prend la lettre et la met sous enveloppe.

Là !... Maintenant l'adresse !

Ecrivant.

« Monsieur, monsieur Justin Cornillard... »

Elle cachète la lettre.

Quel effet,
Quand le pauvre garçon ouvrira ce billet !...
Allons ! vite à la poste !...

Elle va pour sortir, sans songer qu'elle est en costume de laitière. Tout à coup, elle s'en aperçoit, et s'arrête en riant.

Ah ! tiens !... elle est bien bonne !
J'aurais l'air, comme ça, du bœuf gras en personne !...

Cherchant.

Ah! parbleu!... le portier!...

Elle ouvre la fenêtre et appelle.

Eh! père Poivrier!...

Elle regarde par la fenêtre.

Miracle!... Il marche droit!... Oh! c'est à publier!...

Elle parle par la fenêtre, à la cantonade.

Voudriez-vous avoir, s'il vous plaît, l'obligeance
De porter à la poste un mot?... C'est d'une urgence!...
Vous voulez bien?... Merci...

Elle jette la lettre par la fenêtre et redescend en scène.

Voilà! C'est entendu!...

Avec une pitié comique.

Infortuné Justin!... Peut-être aurais-je dû
Le prier d'assister à notre mariage...
Comme témoin...

Réfléchissant.

Oh! non... non... il n'a pas d'usage
Ce garçon... il ne voit que des gens de son bord...
Et nous allons avoir une noce!... D'abord,
D'avance, pour ma part, je m'en fais une joie;
Ce jour-là, je veux mettre une robe de soie!
Mon Dieu!... c'est une idée... au fond... je le sais bien,
Au cérémonial cela ne change rien...
Et quand l'heure qui clôt cette grande journée,
La plus belle, dit-on, de la vie, est sonnée...
Que votre robe soit de laine ou de satin,
Il arrive toujours un moment... Mais, enfin...
J'aime ça... c'est gentil... c'est brillant... Quand on passe
Cela fait un petit froufrou rempli de grâce!...
D'ailleurs, une fois dame, il m'en faut tous les jours,
Des robes de soie!... Oui, de soie!... ou de velours...
Pour l'hiver, c'est plus chaud...

Réfléchissant et regardant autour d'elle.

Mais où vais-je les mettre
Toutes ces robes-là?... Quand on veut se permettre

De déployer du luxe, il faut du logement...
Nous n'allons pas rester ici, probablement!...
C'était bon quand Gustave était célibataire;
Lorsqu'on est marié, dam! c'est une autre affaire!...
Il nous faut, pour le moins, salle à manger, salon,
Boudoir, chambre à coucher pour monsieur, pour...

S'arrêtant brusquement.

Ah! non.

Une seule suffit... pas de frais ridicules...

Prise d'une idée subite.

Saperlotte!... à propos, il me vient des scrupules :
En hiver, pour se rendre ici, Gustave aura
La rue à traverser... il se refroidira...

Avec résolution.

Je ne veux pas que mon mari se refroidisse!
C'est bien simple : faisons hausser cette bâtisse...
Construisons un hôtel...

Allant à la fenêtre.

Ah! diable!... et le jardin?
Je n'en vois pas... Oh! oh!... c'est grave... Le matin
Où joueront les enfants?...

Baissant les yeux.

Dam! sans inconvenance,
Une fois mariée... il est permis, je pense...

Avec indignation.

Vous verrez qu'il faudra bientôt n'en pas avoir
A cause du jardin!... Par exemple, bonsoir!
J'aime mieux me priver cent fois sur d'autres choses;
C'est si frais, si mignon, ces petits êtres roses!

Elle retourne à la fenêtre.

Suis-je sotte!... Voilà près de nous justement
Un grand terrain planté de tilleuls... c'est charmant!
Achetons le terrain pendant que nous y sommes...
Mon mari va crier, j'en ai peur... Oh! ces hommes!...

Joyeuse et se montant de plus en plus la tête.

Dieu! chuchotera-t-on là-bas, dans le pays,
Quand on va me revoir, avec de beaux habits,
Allant rendre visite aux plus riches familles,
A monsieur Marjoton, notre maire, à ses filles,
Mesdemoiselles Laure et Clara Marjoton...
Je veux être de tout, d'abord, dans le canton,
Rendre le pain bénit, couronner la rosière...
S'il faut faire du bien, moi, je suis la première...

COUPLETS.

I

Je fais rebâtir notre Église
Et, pour illustrer ma maison,
La cloche neuve qu'on baptise
Prend le joli nom de Suzon :
De moi chacun parle à la ronde;
En me voyant, le sous-préfet
Dit : Quelle est la femme du monde
Qui possède un pareil cachet ?...
— Mais, vous savez bien, c'est Suzette !...
Il lui suffit d'un pot au lait
Pour gagner fortune et toilette...
— Dieu de Dieu ! Qu'est-c' qu'elle a donc fait
Avec son petit pot au lait ?

II

Quoi, pour changer une fillette,
Un simple pot au lait suffit !...
Qu'avait donc celui de Suzette ?
Était-il grand ou tout petit ?
Chaque jour, plus d'une laitière
Porte le sien sans s'enrichir :
Le tout est d'avoir la manière,
La manière de s'en servir.

— La preuve en est : Voyez Suzette :
Il lui suffit d'un pot au lait,
Pour gagner fortune et toilette...
Dieu de Dieu! qu'est-c' qu'elle a donc fait
Avec son petit pot au lait?

Elle aperçoit sur le divan le paquet qu'elle n'avait pas encore remarqué.

Ah! que vois-je?... un paquet...

Souriant.

C'est un cadeau, peut-être.

Elle le soulève.

C'est très lourd... Là-dedans qu'est-ce qu'on a pu mettre?
Je peux bien regarder... c'est pour moi, tout cela...

Elle ouvre un coin du paquet.

Des lettres!...

Elle regarde la facture qui se trouve sur le paquet.

Nos billets de faire part!...

Avec stupéfaction.

Déjà!

Sans m'avoir consultée...

Souriant.

Ah! c'est de l'imprudence!...
Si j'allais dire non, maintenant... la dépense
Lui resterait pour compte...

Avec un attendrissement comique.

Oh! le monstre!... Il sait bien
Que je suis trop heureuse, et qu'il ne risque rien...

Prenant la lettre.

Quand nous marions-nous?... Voyons, que je constate...

Souriant.

C'est bien le moins, je crois, que je sache la date...

Elle pose le paquet sur un escabeau à droite, premier plan, s'agenouille et lit la lettre. L'orchestre reprend en sourdine le motif du rondo de la fable.

« Monsieur Gustave Barbizon a l'honneur de vous faire

» part de son mariage avec mademoiselle... Clara...
» Marjoton!... »

Laissant tomber la lettre avec désenchantement.

La fille du maire!... Oh!...

En disant cela elle s'est levée, et dégrafe vivement sa robe de laitière qui tombe à ses pieds ; elle se retrouve en costume de dessous.

Et moi qui, bonnement!...
Godiche!... c'est bien fait!... te voilà justement
Comme Perrette... Adieu, vache, cochon, couvée!...

Elle reste un moment sous le coup de sa douleur, puis remet vivement sa robe de paysanne. Dans ce mouvement ses yeux se portent sur la boîte posée sur le chevalet.

Et penser que je suis peut-être réservée
A figurer, pendue avec un gros piton,
Dans la chambre à coucher de Clara Marjoton!...
Oh! quant à ça, jamais!...

Elle prend une brosse, la trempe dans la peinture et barbouille le portrait avec fureur.

Tiens! la voilà, ta croûte!
Allez donc!... allez donc!...

Reprenant son manteau sans le mettre encore sur ses épaules.

Et maintenant, en route!
Voilà tout... je serai madame Cornillard...

Réfléchissant.

Ah! mon Dieu!... mais, j'y pense... et ma lettre!... trop tard!

Avec une lueur d'espoir.

Si le portier avait commis la négligence...

Appelant par la fenêtre.

Eh! père Poivrier!...

Avec découragement.

Ouitch!... parti... Pas de chance,
Vraiment... pour une fois qu'il trouve le moyen

De ne pas être gris, il faut... Me voilà bien!
Plus de mari du tout!...

S'asseyant sur le bras du fauteuil placé devant la table, et avec un attendrissement comique.

Hélas! ça me chagrine
De coiffer le bonnet de sainte Catherine!...
Ah! mon Dieu! mon Dieu!

Elle sanglote. — Jetant les yeux sur la table.

Ciel!... qu'est-ce que j'aperçois?
Ma lettre à Justin!... là... Mais alors...

Comprenant et descendant sur le devant de la scène.

Ah! je vois!...
J'ai confondu Justin avec la vieille branche!...

Riant.

Il n'y comprendra rien... tant pis!

Respirant.

Ah! soyons franche:
J'en ai le cœur qui bat encore... C'est égal,
Un peu plus, et mon rêve allait tourner très mal...

Se disposant à s'en aller.

Allons, partons!

Elle se couvre de son manteau.

Pourvu que de toutes ces choses,
On ne soupçonne rien à Fontenay-aux-Roses!...
Comme on rirait!... Les gens sont si malicieux!...

Au public.

Si vous passez par là... n'en dites rien, messieurs...

Elle se dirige franchement vers le fond, puis se retourne brusquement et redescend sur le devant de la scène pour chanter le couplet suivant.

COUPLET.

Ciel! qu'ai-je dit, messieurs?... Vous taire!
Ah! de grâce, n'en faites rien :

Parlez de Suzette au contraire,
Et dites-en beaucoup de bien!
Qu'en voyant une foule épaisse
Assiéger la location,
Le bourgeois dise : — « Ah! Dieu ! serait-ce
» Une manifestation?... »
» — Non... vous savez bien... c'est Suzette!...
» — Bah ! — Chaque soir son pot au lait
» Ne peut contenir la recette...
» — Dieu de Dieu! qu'est-c' qu'elle a donc fait
» Avec son petit pot au lait? »

Rideau.

IMPRIMERIE GÉNÉRALE DE CHATILLON-SUR-SEINE, A. PICHAT.

L'ASSASSIN, comédie en un acte, par Edmond About (Gymnase). in-18. . . . . 1 fr. 50

LES CERISES, comédie-vaudeville en quatre actes, par Vast-Ricouart (Ambigu), in-18. 2 fr.

CES HOMMES !... comédie en un acte, en vers, par Albert Pajol et Fr. de Montlun, in-18, 1 f. 50

A L'ESSAI, comédie en un acte, par A. Cahen et G. Sujol (Fantaisies-Parisiennes), in-18 . . . . 1 fr. 50

LE BIBELOT, comédie en un acte, par Ernest d'Hervilly (Palais-Royal), in-18 . . . . 1 fr. 50

LE BILLET DE LOGEMENT, opéra-comique en trois actes, par Paul Burani et Maxime Boucheron, musique de Léon Vasseur (Fantaisies-Parisiennes), in-18. 2 fr.

LA BONNE AVENTURE, opéra-bouffe en trois actes, par Emile de Najac et Henri Bocage, musique d'Emile Jonas (Renaissance), in-18. . . . . . 2 fr.

LES CONVICTIONS DE PAPA, comédie en un acte, par E. Gondinet (Palais-Royal et Gymnase), in-18. . . . . . 1 fr. 50

LE DROIT DU SEIGNEUR, opéra-comique en trois actes, par P. Burani et Maxime Boucheron, musique de Léon Vasseur (Fantaisies-Parisiennes), in-18. 2 f.

DIVORCÉS ! comédie en un acte et en vers par L. Cressonnois et Ch. Samson, in-18. . . . 1 fr.

DIVORÇONS-NOUS? comédie en un acte, par E. Grenet-Dancourt (Cluny), in-18. . . 1 fr.

D'UN SIÈCLE A L'AUTRE, comédie à-propos en un acte et en vers, par Jules Salmson et Alphonse Scheler, in-18 . . . . 1 fr. 50

LE NOM, comédie en 5 actes, par Emile Bergerat (Odéon), in-18. . . . . 2 fr.

LES ÉCRIVASSIERS, comédie en trois actes et en vers, par E. Dalmont, (théâtre de Charleroi), in-18. . . . . 2 fr.

LA FEMME, saynète en un acte, par E. Grenet-Dancourt (Palais-Royal), in-18. . . . . . 1 fr.

LE FILS DE CORNEILLE, à-propos en vers, par Paul Delair (Comédie-Française, in-18. 1 fr.

GARIN, drame en cinq actes, en vers, par Paul Delair (Comédie-Française), in-8. . . 3 fr. 50

LA GIFLE, comédie en un acte, par Abraham Dreyfus (Palais-Royal), in-18 . . . . . 1 fr. 50

JEAN DACIER, drame en cinq actes, en vers, par Ch. Lomon (Comédie-Française), in-8. . . . . 3 fr. 50

LÉA, pièce en cinq actes, en prose, par Jean Malus (Comédie-Parisienne), in-18. . 2 fr.

LE MARIAGE D'ANDRÉ, pièce en quatre actes, en prose, par Hippolyte Lemaire et Philippe de Rouvre (Gymnase), in-18. 2 fr.

LE MARIAGE DE RACINE, comédie en un acte, en vers, par Guillaume Livet et Gustave Vautrey (Odéon), in-18. . 1 fr. 50

LE MARQUIS DE KÉNILIS, drame en cinq actes, en vers, par Charles Lomon (Odéon), in-8. . . . . 3 fr. 50

MON FILS, pièce en trois actes, en vers, par Emile Guiard (Odéon), in-8 . . . . 3 fr. 50

LES NOCES DE MADEMOISELLE LORIQUET, comédie en trois actes, par Grenet-Dancourt (Cluny), in-18. . . . . . 2 fr.

LE PARAPLUIE, comédie en un acte, par Ernest d'Hervilly (Odéon), in-18. . . . . 1 fr. 50

LA PART DE BUTIN, comédie en un acte, par G. de Létorière (Gymnase), in-18 . . . 1 fr. 50

LE PÈRE DE MARTIAL. comédie en 4 actes, par Albert Delpit, représentée pour la 1re fois sur le théâtre du Gymnase-Dramatique le 20 avril 1883, in-18. 2 fr.

LOUIS XI EN BELLE HUMEUR, comédie en deux actes, en vers, par Auguste Robert, in-18 . . . . 1 fr. 50

PICCOLINE, comédie en un acte en vers, par P. Manivet, in-18. . . . . 1 fr.

LA RUPTURE, drame en trois actes, en prose, par E. Dalmont, in-18. . . . . . . 2 fr.

SAPHO, pièce en un acte en vers, par Armand Silvestre (Gaîté), in 18. . . . . 1 fr.

UNE PERLE, comédie en trois actes, par H. Crisafulli et H. Bocage (Comédie-Parisienne), in-18. . . . . 2 fr.

VOLTE-FACE, comédie en un acte en vers, par Emile Guiard (Comédie-Française), in-18 1 50

www.ingramcontent.com/pod-product-compliance
Lightning Source LLC
LaVergne TN
LVHW052024160826
845678LV00003B/1196

* 9 7 8 2 3 2 9 6 3 3 3 4 3 *